Ráfagas sin Dueño

PREVIOUSLY PUBLISHED

Infidelidad, *xlibris, 2012*
- *Poetry Winner*

London Book Festival 2012

- *Honored*

The Great Midwestern Book Festival Chicago 2013

Amores de Tarde, *xlibris, 2013*
- *Honored*

London Book Festival 2013

- *Honored*

New York Book Festival 2014

Mis Pláticas Contigo, *xlibris, 2015*
- *Poetry Runner – up*

London Book Festival 2015

- *Honored*

Amsterdam Book Festival 2015

- *Honored*

The Great Midwestern Book Festival Chicago 2015

Ida y Vuelta *xlibris, 2016*
- *Poetry Winner*

Los Angeles Book Festival 2016

- *Poetry Runner-up*

Amsterdam Book Festival 2016

- *Poetry Runner -up*

New York Book Festival 2016

Ráfagas sin Dueño

Issamary Simmons Benavides

FOTOGRAFIA POR
Issamary Simmons B
ILUSTRACIONES POR
Issamary Simmons B

Library of Congress Control Number:		2019903393
ISBN:	Hardcover	978-1-7960-2295-7
	Softcover	978-1-7960-2294-0
	eBook	978-1-7960-2293-3

Print information available on the last page.

Rev. date: 03/22/2019

To order additional copies of this book, contact:
Xlibris
1-888-795-4274
www.Xlibris.com
Orders@Xlibris.com
792877

Índice

Dedicatoria

A ti, presencia y lenguaje de mi mundo, donde escribir y conversar es trazar un destino.

Tú que como tempranera copla construyes... **Amor Mío**

A veces quisiera

No recordar tu nombre,
tú que fuiste incapaz
de ver a flor de piel
los sentimientos.

Tú que sembraste
en propios campos
la huella férrea
que perdura.

A veces quisiera,
no sentir aquellos ecos
de frases explosivas
que marcaron mi camino.

A veces quisiera tanto…
Me he cansado de buscar
de aquel ayer explicaciones
y aún sigo sin entender.

Quisiera olvidar de ti
el último rechazo.
Esa reveladora mirada,
tus hirientes palabras.

Un corazón herido
en brusca soledad
e incertidumbres,
se siente tan confuso.

A veces quisieras cerrar
por instantes los ojos,
y borrar las penas.
Sentir el alma liberada.

A veces se lucha,
a veces se sueña.
A veces amas y olvidas.
A veces una frase solo basta.

Allí

En todo camino incierto
se bañan de luz los ocasos,
tus pasos van a ciegas
transitando en los crepúsculos.

Y como doliente en velorio
los rincones vas poblando
de preguntas sin respuestas,
callado, absorto y solitario.

Tu círculo se va estrechando,
tu vida se va acortando
como una vela de cera
en lampadario de iglesia.

De mengua mueren las horas,
entrando vas en un trance
Ay de mí…de aquellas penas,
lágrimas vaciando tus ojos.

Todos se han ido,
me voy quedando sola…
Y como naipes en juego
tu vida se desmorona.

Y piensas en voz alta.
Ah! cuántas incertidumbres,
cuántos amores se pierden.
Cuántas ausencias.

Qué ha de suceder mañana,
el día que no te tenga.
La noche que me despierte,
sin tu voz que me pronuncia.

Aquella noche

Esa de plenilunio.
Donde cruzando barreras,
arriesgándolo todo
te lanzaste a la conquista.

Tus ojos clavaste en mí,
desnudándome despacio.
No pronunciabas palabras,
me veías fijamente.

Tus brazos como cadenas,
tu aliento que sofocaba,
minuto a minuto,
me entregaba convencida.

Mi corazón desbordado
vibraba como una guitarra.
como corcel al galope,
libre entre las verdes praderas.

Aquella noche…
Cómo olvidarla,
todo se quedó detenido.
Entre aquella certidumbre.

Así es

A veces nos llega
como ola de improviso.
Como la blanca cresta
en pleno movimiento.

Edificando el tiempo.
Despiertas al primer fruto,
creciendo incesante,
guardando el balance.

Viviendo sencillamente
creyendo en las palabras,
atesorando instantes,
de lo que será un mañana.

Tropezando mil veces,
retomando los caminos
sin precipitarse,
para surgir sin prisas.

Sintiendo lo excelso.
la sublime fuerza interna,
disfrutando de cada respiro,
tomando viva conciencia.

Y si deseas consolarte…
Piensas que todo es pasajero,
las penas, los triunfos,
la vida misma.

Indescriptible

Eres tú ante mis ojos,
la realidad palpable que no se mide
por el paso del tiempo en la piel.
Se siente en lo más profundo,
se goza paulatinamente.

Te miro con el amor que no pesa,
como lo inaccesible al roce de mis manos.
Cercano inalterable y perenne,
mágico como el poder de los pensamientos
que no dejan de forjarte.

Eres atracción hacia lo desconocido
que seduce deliberadamente, profundamente.
Sensibilidad infinita donde
somos partícipes en nuestros coloquios.
No se describe con las simples palabras.
Te quiero así

Con fuerza e ímpetus,
como las estaciones que dejan a su paso
el vivo recuerdo de un tiempo,
indescriptible pero real,
hondo en los sentidos.

Calladamente

Absorta ante ti
inventaría la noche
convirtiendo presagios
en la ansiada realidad.

En las mórbidas arenas
quedarían nuestros pasos
como huellas profundas
en una playa sin fin.

Me vestiría de ensueños,
la noche se tornaría mágica.
En confluencia de emociones
besándote hasta el amanecer.

Me entregaría a tus brazos,
a este amor efervescente,
a la pasión desmedida
que tú en mí has hecho florecer.

Canaima

Regresé a ti una vez más inmensidad serena
y quizás frente a mis ojos pasarán años completos
antes de admirar tus paisajes nuevamente.

Tus parajes repletos de verdor son un espejo
de naturaleza salvaje en cada sitio.
Misteriosas rocas cubiertas de majestuosidad
entre la paz de natura desolada que se duerme silenciosa.

Tus aguas calmas que esperan ser navegadas por curiaras
en los afluentes que convergen, aguas color bronce
que arrastran constante esa vida de historias ancestrales.
Leyendas que viven en los pueblos que te albergan.

Ucaima, tú brisa no cesa de mover árboles y banderas
que altivas se ondean en tus cielos relucientes.
Aves coloridas que se regocijan surcando los horizontes
llenos de algarabía, contagiando a todo aquel que las escucha.

Hay asombro en cada visitante que llega a tus rincones
para descubrir tu atractivo que sorprende.
La mirada se pierde en las macizas rocas de los *Tepuyes*,
en cada sitio que captura el entorno de tu esplendor.

Guardaré la visión del *Salto Ángel*, su tierra mojada y fresca.
Tus noches salpicadas de infinidad de estrellas que
me hablan de inmensidades por hombres jamás tocadas.
Me haces sentir empequeñecida por tanta belleza.

En mi piel me llevo el salpicar de tus cascadas repletas de gracia.
Dejo mis huellas impresas en las trillas de estas tupidas selvas,
donde la tierra pareciera no tener fronteras
y me quedo corta en palabras para estar agradecida.

Cercano y distante

De mis ojos que imaginan
tu rostro frente al mío.
Ausente y presente al mismo tiempo
porque no he aprendido a vivir en soledad.

Mi piel joven reteniendo el calor
de aquel tu cuerpo curtido por los años.
De aquella tarde de elocuente otoño
que me hizo despertar a vivir una etapa.

Te deseo intensamente como amante,
como hombre y compañero.
Aquel nuestro primer beso
me hizo regresar a otros tiempos.

Desde esta lejanía,
me aferro a esta realidad.
A tus brazos, a tus pasos que sigo,
a tu aliento que tienta mis noches en la alcoba.

Chirimena

Tus horizontes son mis sueños,
tus aguas braman y mis ojos cafés
no dejan de admirar tu mar cristalino.

Cuántas veces he llegado frente a ti
y mis palabras son pocas para detallar
tu hermosura exuberante.

Cálidas corrientes que invitan
envolviendo los arrecifes coralinos
en una explosión de crestas y espumas.

Recorro tus playas y mis huellas se hunden
como vestigio de un andar sin prisas
recogiendo piedras y conchas.

Ese sol que se viste centellante
reflejando sobre tus aguas mil siluetas.
Visiones que despiertan la imaginación.

Inmóvil sobre tus mórbidas arenas
en el ir y venir de tus olas los minutos no existen,
mi cuerpo y pensamientos son uno.

En mis ojos grabados te llevo,
la línea que se pierde en la distancia,
marca los límites entre la tierra y el infinito.

Tiempo atrás

Comencé a jugar
a ser mujer, aún siendo niña.
Atropellando pensamientos
reflejada en cada acto.

Como fuente clara,
avasalladora
brotaba la fuerza
con naturalidad perfecta.

Quise avanzar
sin tener claro los enigmas,
negando la vieja lección.
¡Que en la vida todo llega!

Sin comprender razones,
sin valorar etapas
queriendo correr,
en esa otra dimensión.

Hoy en mi madurez,
celosamente guardo
esos labios y besos
que jamás podré olvidar.

Continuamente

Todo se transforma
en un respirar de lluvia,
en aires frescos que renuevan
anunciando la primavera.

El verdor de los árboles
se deja entrever entre los rayos
y las aves con su trinar
alegran por doquier los cielos.

Los cambios suceden;
se notan constante,
se empapa la tierra,
emergen los brotes.

Hay canto a la vida
en el soplar del aire,
albergando esperanza
circulando constante.

Fervorosas almas
en devoto ruego
entrelazando sus manos
amarradas a un deseo.

Y tus ojos viajan,
Imaginando tierras
Respirando brisa y sol,
meciéndose entre palmeras.

Recordando tus raíces,
y entre redes y acordes
tocas aquellos cielos
galopando entre sus costas.

Y comprendes,
vives,
anhelas,
y extrañas.

Cuál es tu historia

Quizás fue tu última escapada
antes de morir aquel día
y tal vez ni lo sabias.

Que día tan gélido.
Te veía en la distancia,
llevando con dificultad
tus lerdos pasos.

Qué buscabas solitario
sin misión aparente
paseando a un perro
y un bastón de compañía.

No sé qué te llevó aquel día
a extraviarte entre los parajes,
donde la soledad imperaba
y ningún transeúnte deambulaba.

Te observé desde mi ventana,
en medio de una tormenta
como alma en pena
transitando el Central Park.

No se quién eres
espíritu errante y triste,
en un trance solitario
entre la nieve.

Cuando quiera

Volver a soñar sólo
pronunciaré tu nombre.
Mi corazón latirá tan fuerte
como eco entre montañas.

Serás una fábula descrita.
Te esperaré en mi alcoba.
Te imaginaré desnudo,
mis labios dibujarán mil trazos.

Te endulzaré con besos
todo el camino andado,
te abrazaré en silencio
queriendo decirte tanto.

Propiciaré pretextos,
alargando esos momentos,
y te amaré callada
como se adoran los santos.

Cuando quiera soñar contigo
cerraré mis ojos,
y mi mente llevaré
hacia aquella tarde de otoño.

Donde rodeada de estrellas
nuestros cuerpos se fundieron,
y la juventud borraba
todo lo que estaba escrito.

Guardaré aquella visión
de un amor libre,
de labios perdiéndose,
de aquella noche contigo.

Cuando se tiene

Cuando se tiene en la mente
la visión de una conquista.
No hay tempestad que frene,
ni montaña que sea alta.

Llevas la convicción
de tocar los corazones,
aportas claro un mensaje
y transmites la honestidad.

Cuando tienes la conciencia
del alcance de tus virtudes,
alzar el vuelo es posible,
las puertas a tu paso se abren.

Cuando empuñas una pluma
las palabras brotan solas.
Guardas de cada enigma
las razones para luchar.

Miras el porvenir,
llevas en tu pecho el querer.
Mantienes tu cabeza en alto,
No tienes miedos.

Vives intensamente,
gozas con poca cosa.
Tu corazón es un campanario
de alegrías y de gracias.

Y si el ocaso te llega,
que las tristezas no existan,
sé un arpa que deja música,
y que el viento se las lleve.

Deja

Consiente que mis manos
entrelacen las tuyas.
Deja sentir que tu fuerza
remonte mis mares.

Deja amarte en silencio,
sin límites ni medidas
como se admiran las noches
cuando despierta se sueña.

Déjame arropar tu cuerpo
y que sea mi piel,
la que inflame tu hoguera
de eternidad sin tiempos.

Deja sostener tu vida,
crecer juntos llanamente,
dejar la indeleble huella
apartando toda sombra.

Deja que seamos uno
en comunión de almas,
renacer una y mil veces
donde los espacios se pierdan.

Déjame sentir tus labios,
aquellos que ayer
dibujaron en mi piel caminos,
sellando las despedidas.

Deja que mis palabras digan
donde guardar los secretos
de la intimidad del lecho
para amarnos una y otra vez.

Descubrí solo hoy

El sabor de la añoranza.
La muerte no tiene edad,
te vi como esa flama
que poco a poco se extingue.

Desperté aquella mañana,
con el fulgor que ciega.
Los sueños truncados restan
las realidades te cambian.

El vacío en el alma impera
no son sólo fantasmas.
Siento una daga en el pecho
los surcos de cada lágrima.

Por doquier se siente ausencia,
las memorias serán tantas.
No se escucharán tus risas,
esa tu presencia amada.

Me he de vestir de coraza,
para no llorar tu ausencia.
Mi certeza es la tristeza
y el corazón se desangra.

Entre el pesar que me aflige
quisiera extender mis manos,
ostentar el poder que cambia
y regresarte a otros tiempos.

Desfilan

Las horas cual música
a un ritmo acelerado.
Un tic-tac constante,
un taladrar de recuerdos.

Sientes la dicha ajena,
la soledad danzante
como carrusel de un parque.
Tu alma nunca está quieta.

Como invisibles rejas,
de grilletes de oro.
Cubriéndote la mente,
el marchito cuerpo.

Regresan a tu mente,
los rostros y las noches
como marea a sus playas,
como lucero a los cielos.

Todo se va;
La vida y los latidos
del primer beso en aquel
tropel agitado.

Van y vienen a tus manos,
no sólo objetos.
Se añoran otras caricias,
aquel amor que tuviste y no sabías.

Van y vienen sonoras voces,
las infinitas formas.
Cada noche callada rezas.
¡Gracias Señor! Será otro día.

Destellos

El sol sobre las aguas calmas
derramaba su inmenso poderío,
siluetas del amanecer
en trémulo resplandor,
como tempranera copla.

Cada vaivén de blancas espumas.
Cada murmullo entre dientes,
hacían que mi cuerpo flotara
en medio de las transparentes aguas
arrastrándome mar adentro.

Yo jugaba a soñar
como un pez entre sus predios,
y en cada impulso remontaba
latitudes a merced de la ilusión,
como halcón entre los cielos.

Pensaba en ti
como un delirio pasajero
acompasado y vibrante.
Entre un raudal de palabras
que pronunciaban tu nombre.

Me deje ir como frágil ave
volando entre el viento,
deseaba perpetuar esa imagen.
Sentir tus brazos,
anclarme en ti.

El viento

Inclina las ramas
al clamor de lo desconocido,
y todo trasciende al encanto.
Los céspedes muestran
sus multicolores ropajes.

La aurora se asoma.
Fuentes risueñas cantan,
en los parques aledaños.
Las calles se cubren
de misteriosas formas.

Todo cobra vida,
risas espontáneas
a ese ritmo acelerado.
Tantos orígenes ocultos
y la mente hace de ellos lienzos.

¡Ay! De mis horas solitarias
donde invento historias
de ignota gente,
donde navego la mente
y el corazón de tantos.

El tiempo sigue,
las horas sin cesar vuelan;
a veces me siento tan ligera,
y otras parecieran mis pies
llevar grilletes.

El viento sutil te mece,
y sigues creando sueños
añorando los amores.
¡Ay! del ayer en mi terruño.
Mis mares azules tropicales.

Desfilan

En dos mundos
mudas las palabras.
Todo se vuelve cántaro
de cristalinas aguas.

De un hondo silencio
que hierve tus fibras,
quisieras adivinar
distinto otros amores.

Es una lucha que arrastra,
donde a merced te sientes.
Sientes los besos rodar,
sales de aquel letargo.

Percibes otras palabras,
te golpean el alma.
Te confunden y te elogian,
hilando invisibles redes.

Y dices convencida…
De algún modo alegre,
deja circular esa luz,
de arrebato repentino.

Esa voz,
esa sonrisa.
Nuevos vientos,
esa existencia.

En esa soledad sombría

En ese retiro nocturno.
Allí entre esas paredes viejas,
ayer se escuchaban las risas.
Te arrullaban las ansias
en tus noches solitarias.

En ese rincón flotando
como ligera espuma,
que se pierde entre marea,
tu descontento queda,
y vas ahogando las penas.

Las historias que no contaste
de amores incomprendidos,
los nombres que dejaron mella,
donde la inocencia perdiste
creyendo en las fantasías.

Cuántas noches ya se han ido,
cuántas veces en esa ebriedad
y fervoroso anhelo,
te engañaste el corazón
y las dudas crecían contigo.

Quizás tardaste en comprender,
hacia donde el clamor viajaba.
Y todo quedaba escrito
en ese destino incierto
de palabras dichas al viento.

En ese despertar callado

Donde la vida emerge y todo yace.
Donde los olores a tierra mojada
penetran los sentidos… allí,
quiero encontrarte y dejar mi aliento.

Comenzar contigo la aventura
en la intocable y vasta naturaleza.
En ese lejano y silente campo
de amanecer sin armaduras.

En esa marcha hombro a hombro
de tempraneros rayos y
visión de esteros,
entregarte mi tiempo sin condición.

Aprender contigo explorando,
absorbiendo como savia de tierna planta
ese conocimiento que desconozco.
Cubrirnos la piel de hierbas y montes.

Dejarme llevar por esas visiones
respirando el aire a madera virgen,
a crepúsculos con matices nunca vistos
de humedad y selvas exuberantes.

Sumergirme entre las mansas aguas,
como si fuera un ligero pez
y mojarme…empaparme hasta que
mis dedos se arruguen cual dulces pasas.

Érase una vez

Libre como la palabra misma,
un aire suave y melodioso,
un alegre trinar de aves
frente al Central Park.

Y en aquel contemplar
las horas calladamente.
Pensativa en el diván
abrazaba el mundo.

Fijas las imágenes.
Plasmas en letras cada sentir
haciendo historia,
admirando cada detalle.

Ese inexorable cambio
de hurto en los árboles,
de follajes coloridos,
otros desnudos solitarios.

Escuchas el bramar de vida,
con ojos de mujer madura
ves los rincones,
exclamas tu gratitud.

El tiempo sigiloso
como espectro viviente reclama.
Te pierdes en sus mares
de visiones transparentes.

A veces tus brazos flotan,
frágil se van las horas
en ese péndulo
que nunca cesa.

Y en la eterna búsqueda
del silente refugio
se van y vienen
los segundos.

Eternos niños

Haciendo de la vida un sueño,
nos tomamos de las manos
inventando mil locuras,
pintando los horizontes.

Y fabricamos castillos
descalzos en las arenas,
y la mar en un suspirar
se los llevo de un zarpazo.

Alzamos entre las manos,
un sin fin de caracolas,
y las guardamos entonces
como si fuesen preseas.

Y entre las olas desnudos
sin importarnos la edad
jugando entre las espumas,
galopamos sin corceles.

Nuestras vidas a un solo ritmo
se llenaban de alegrías,
como los ecos de ríos
perdiéndose entre la nada.

¡Eternos niños!

Eterno sigue hoy el sentir
de aquellos imaginarios cuentos.
De sitios a los que nunca he vuelto
y tu mente sigue añorando.

Existe

Existe la palabra en el silencio,
la esencia sutil del pensar.
Que te transporta hacia otros mundos,
donde tocas sin tocar aquellos sitios.

Existe en el amar tantos secretos,
aquellos que guardas profundo,
que perduran en el tiempo.
Que son sombras, también abismos.

Existen momentos que te fortalecen,
donde inmóvil y pensativa quedas.
Donde la añoranza es clara
en el ritmo acelerado de la vida.

Existen en cada amanecer,
aquellos impuestos retos,
que son precisos
donde la ansiedad sorprende.

Existe esa melodiosa música
que te baña de tintes las pasiones,
que recorren tus recónditas fibras.
Un aliento entre la noche.
Existen gratas memorias

Explorando

Mis ojos viajan distancias
reviviendo aquel tú recuerdo.
Tú y yo en aquel andén,
dos almas devorando al mundo.

Recuerdo aquellos hoyuelos
marcados en ambas mejillas.
Entonces no existían las prisas
y tú, a carcajadas reías.

Es tan clara esa visión,
que tiemblo como una niña
recordando tus ojos claros
inmersa en aquel desvelo.

La vida se ha ido en fragmentos,
me sigo haciendo preguntas.
Una nostalgia que asalta,
como ladrón al asecho.

Cuánto ya se ha perdido,
de ti quedo aquella silueta
que inundó aquel mi camino.
Y se confundió entre otras gentes.

Como mariposas en vuelo
los suspiros se van perdiendo.
Todos mis rincones pueblas,
como un soplo intangible.

Hay fuerzas

Energías vivientes
que penetran en tu torrente,
fecundan tu vida,
marchan incesantes.

Ondas que taladran,
que no entiendes pero existen.
Tu savia sorbe en instantes
invaden tu paz sin tregua.

Hay impulsos en tu interior
que te hacen fuerte.
Reflejan tus acciones
y te llenan de coraje.

Existe ese vibrar perenne
de seres que cambian tu rumbo.
Como el sentir de caracolas,
vivo batir de olas.

Alientos de fantasías,
de cantos fugaces que endulzan.
Que hacen de tu vida un jardín
y también tu propia tumba.

Hay líneas

Esas imaginarias líneas
que sostienen las palabras.
Los secretos y confesiones,
que duermen en solitario
hasta la última morada.

Hay líneas que separan,
que permanecen ocultas
para luego ser dichas
cuando de coraje te vistes
y vas perdiendo los miedos.

Líneas que se traspasan
en la intimidad de amantes
cuando la pasión arrastra.
Que guardan un código
que no debemos olvidar.

Son distancias que marcan
el cielo y la tierra,
la noche y el día.
Cuando tu mente viaja
tocando imaginarias costas.

Esas que dividen
y te alejan a mundos propios,
más allá de todo silencio.
Líneas que marcan caminos
engañando a tu corazón.

Inefablemente

Un día llegamos al mundo
en fusión de cuerpo y almas.
Indefensas criaturas
en un baile infinito.

Abrimos los ojos
ante un universo
desconocido y nuevo,
de instantes y tiempos.

Nos creamos imágenes
que habremos de imitar.
Un constante aprendizaje
reflejado en nuestros actos.

Renacemos;
venciendo batallas
borrando cicatrices.
Buscando aires nuevos.

Viviendo las ausencias.
Acariciando visiones,
descubriendo
hasta el final de los días.

Retos

La vida es un viaje venturoso,
nada es certero, ni está por dado.
Venimos al mundo a crecer,
ha cultivarnos para un mañana.

Códigos que no están en libros
que brotan de ti,
que dan sentido a tu existencia.
Que son tu herencia.

Aprendes de las adversidades.
navegas extraños sitios,
iluminando a otros
con rotundo aplomo.

Como gran tesoro
crees en tus raíces,
fertilizas tus sueños,
penetras hondo sus tierras.

Emprendes caminos,
con la esperanza única
en acelerado transitar.
en un querer perpetuo.

Sin detener el paso,
aceptas, valoras, vives.
Visualizas los caminos,
no existe un hasta aquí.

Latentes

Huellas que en el alma yacen,
y entre las horas se enredan.
Que si amarrarlas pudiera,
haría de ellas mil collares.

Lágrimas que llevo represas,
de noches que esperé encontrarte,
de mentiras y de cuentos
que escuché de tus romances.

De ese tu corazón inquieto
en el recodo de aquel lecho,
donde juntos pronunciamos
promesas de querernos siempre.

De penas que sufrí al amarte,
queriendo cambiar razones,
de horas que se escaparon
sabiendo aquel desconsuelo.

Y se clavaron cual dagas
en mi sien tantos agravios,
y fui arrastrando amarguras
callada como una piedra.

Jamás viste en mí el pesar,
ni yo escuché tus perdones.
Vivimos tú y yo entre sombras
enterrando las querellas.

Existimos pretendiendo
que nada nos sucedía,
mientras a voces gritaba
un corazón descontento.

Le di

Un alto a tanta espera
después de llorar ásperas lágrimas.
Le di a mi vida un vuelco fresco
henchida de esperanzas
tomando conciencia de mis riendas.

Le di reposo a aquel pretexto
que me mantenía cautiva
tratando de cambiar un imposible.
¿Que por qué lo hice?
No es grato buscar lo inexistente.

Tomé entre mis manos un destino,
a mis horas le di un porqué,
a mis anhelos nuevos vuelos.
Decidí sembrar en otras tierras,
llevando silente todo a cuestas.

Le di alas fuertes a mis ansias
una tarde calurosa de verano,
tendí la mirada al horizonte
llevando un claro propósito.
Vencer en mi conquista.

Le di firmezas a mis retos
sabiendo la certeza de mis límites.
Pase inadvertida entre la gente
entre voces ajenas que me hablaban,
llevando la cabeza muy en alto.

Cerré los círculos,
decidí vivir.

Lluvia

Llovizna mansa
que deja al pasar otro sentir.
Que trae el aire de extraños mares,
tromba que en su danzar deja olores
a humedad de hierbas.

Lluvia pasajera como un suspirar,
sutil como una caricia
que alegra con su chubasco,
que a niños invita
en un atardecer de mayo.

Lluvia que no se espera,
en aquel país tropical
donde se mecen palmeras
y se arremolinan los vientos
desatando el temporal.

Lluvia que se escucha
en la soledad de la noche
y que te lleva a soñar.
Que se ancla cual naufragio,
hasta el nuevo amanecer.

Lluvia que lleva mil nombres,
aguacero que inunda las tierras,
que arrasa y lava todo a su paso.
Raudal de aguas cristalinas
de incontenible fuerza.

No hay que pensar

De dónde vienen tus alegrías.
Sólo gana tiempo a las dichas,
vive y disfruta sin esperar
que tus verdades reconozcan.

Aunque los surcos en la piel reflejes,
deléitate siempre con lo simple.
Con inocente gracia ama y besa.
Se amante genuino.

El camino de la vida es traicionero
y las verdades del corazón lastiman.
Nadie escapa a ese valle de lágrimas
y a los sinsabores.

Medita en tus silencios.
Háblale a tu conciencia.
Se agradecido al universo,
se espejo de tu propia existencia.

No marchites la ilusión
de quien en ti confía.

Perennemente

Me tiñes de un arcoíris
el alma cuando en ti pienso,
con voces de mil labriegos
que siembran los vastos prados.

Tus palabras son las anclas
en mis mares solitarios.
Me mueves el corazón
alimentando mis ansias.

Quisiera volverme ola
y cubrir tus pechos nudos.
encerrarme en tu corazón,
hasta que la vida se agote.

Mil relatos inventar
de esas historias que suenan
penetrando así mis palabras,
como cascabel al oído.

Colmar tus noches calladas
de luceros repentinos,
acariciando aquel paraíso
como fervientes amantes.

Quisiera amarte de nuevo,
donde la noche sea nuestra.
Trepar tu cuerpo de ninfa,
como si fuese una yedra.

Hallar en tus brazos puerto,
después de la tempestad.
Quedarme asido cual naufrago,
profundo entre tus entrañas.

Por ti dormiré entre rosas

Sintiendo una razón.
Es que tu amor es la miel
que empalaga más la vida.
Eres la flamante hoguera
que deja su rastro inequívoco.

Luz que entra como entre rejas,
que envuelve con cierta magia.
Invades mis horizontes,
como el fulgor que se quiebra
de cirios en las iglesias.

Eres el cantar de aguas
saltando entre rocas de ríos,
libre como el aire mismo.
Eres la creación viva
que trasciende expectativas.

Por ti me dormiré tranquila,
entre junglas y montañas
rodeada de amaneceres.
Y así he de seguir tus pasos
sin saber a dónde me llevas.

Qué magia tienen tus ojos

Qué poder infinito transmiten.
Qué calidad de palabras tus labios evocan,
que logran penetrar en mis sentidos.

Tu sensibilidad me cautiva.
¡Estoy consciente!

Te presiento,
inquietas mi serenidad,
mi espíritu, mi corazón plenamente.

Cuando me hablas,
con el simple susurrar
me embriagas lentamente.

Entre tu presencia y mi alma
hay sombras que persisten, vagan.
Un gozo perenne.

Tu amor,
es la conjugación de añoranzas,
latidos de un corazón
que sólo a ti amor extraña.

Quién eres realmente

Peregrino que viaja por el mundo.
Niño que el tiempo ha convertido en hombre.
Amante que sigue de cerca mis pasos.

Qué buscas encontrar en mi cuando a mis orillas llegas
y luego te alejas
como navegante a renovar las esperanzas.

Tu canto de amor susurra a mis oídos
buscando saciar una ilusión que yace latente.
Eres aquel naufrago que no cesa de luchar con bríos
para llegar a tierra firme.

Estás de vuelta después de tu largo silencio
convertido en huracán moviendo raíces.
Acariciando la mente,
deseando cautivar.

No logro descifrar lo que de mi anhelas.
Enigma del tiempo, hombre, amante en busca de nuevas playas.
Sensación que turba los sentidos.

Tu voz, tus risas colmadas de alegría sorprenden.
Tus palabras envueltas de galantería enamoran,
Quién eres realmente "Amigo".

Será mera ilusión lo que te atrae
al ver convertida en mujer la niña moza.

Una búsqueda que no ha cesado,
de esa mujer amante.

¿Yo te pregunto?
Porqué te vas y vienes.

Quiero

Poblar con mis pensamientos
aquellos inaccesibles sitios,
soñar y seguir soñando.
Abandonarme un instante.

Contar las nubes que pasan,
teñir con mi amor aquello
ocupando los espacios,
perderme entre los ocasos.

Quebrando mi soledad
con tu calor en mi cuerpo.
Llenarme de cada recuerdo
y quemar todo lamento.

Realzamos

Esculpimos en las piedras
los amores que se fueron.
Quedaron tan hondo
que en el aire libres vagan.

Aquellos tiempos contigo,
sentados frente aquella hoguera.
Una estancia y un buen vino,
tus brazos que me enredaban.

Más allá siempre había más…
Una noche que empezaba,
una luna y un motivo,
unos labios que tentaban
.

Cómo se ha ido la vida.
Tú estás viejo,
yo también estoy marchita,
pero las visiones regresan.

Se forman haciendo círculos,
girándome en la cabeza.
¿Qué tiempos aquellos?
Cómo los disfrutamos.

Escribimos sobre el hielo
todas las otras querellas.
Por ti rencores no siento,
la vida nos ha enseñado.

Hoy me reflejo en espejos
pronunciando nuevas historias.
La inocencia aún perdura
de huellas que ambos dejamos.

Se han ido los años,
la vida, las horas.
Y todo ha quedado impreso,
aquellos amores, lo nuestro vivido.

Percibir así tus manos,
las tuyas de aquellos tiempos,
enredada entre tus brazos
e imaginarme naufrago.

Viajar horizontes lejanos
de mares de profundas aguas,
y encontrar en los abismos
esa paz tan anhelada.

Reconozco

No perteneces
al mundo que me circunda.
Sin embargo tu respiro
navega cada rincón.

Y me pregunto.
¿Por qué siento tu aliento
rozar mi entorno?

¿Por qué tu presencia
absorbe mis horas?

Reflejos prisioneros

Contigo me arriesgo a vivir,
a tejer los sueños a cruzar abismos,
a descubrir umbrales
donde fingir no tiene razón alguna.

Cristales como espejos de apariencias.
Que tientan a descubrir sin ambages
el sentir de la inocencia,
que engañan al pretender ser distinta.

Resplandores que abruman el alma,
la conciencia misma.
Secretos que se guardan en el tiempo.
Palabras, rumores que inquietan.

Fuerza innata que apremia.
Ímpetus capaces de atraer,
apartar de mis labios las sonrisas,
las emociones mismas.

¿Por qué vivir esta impaciencia?
Qué quisiéramos a veces olvidar.

¿Por qué en lo más profundo
al evocarte, tus ojos son ese espejo?
Un resplandor que se refleja en mi existencia.

Remembranzas

Entre los fríos inviernos
el viento zumba entre ramas.
De luto se visten los árboles,
de velos oscuros grises.

Y deambulan lentamente,
paso a paso cada gente,
parecieran no llevar prisa
ausentes de pensamientos.

Los inviernos son tan tristes,
hasta las aves se alejan,
el aullar del viento escuchas
y el bramar de voces taladra.

Sientes la respiración cautiva,
tu corazón late fuerte.
Esa visión desolada,
Te cubre los pensamientos.

Y llena de toda esperanza
entre dientes vas diciendo:
Que pase el invierno,
que el frío se vaya.

Rogando ver esos cielos
de sol bañados y claros.
De arcoíris y colores
que te calienten el alma.

Observar los niños jugando
en los parques bulliciosos,
volar así junto a ellos
respirando nuevos aires.

Se nos va la vida

Entre sueños y tristezas,
velozmente como corriente del río
que no se detiene hasta llegar al mar.

Ante nuestros ojos se va la niñez, la adolescencia,
sin aprovechar quizás esas etapas,
incapaces de valorar su significado.

Se nos va la vida,
en un ir y venir de aprendizajes,
sin pensar en la vejez, esa etapa que no espera.

Nos escudamos en creencias,
una coraza invisible tratando de huir,
otra forma de evadir nuestro mundo real.

Que triste se puede transformar la vida,
al no aceptar y enfrentar
ese mundo que no termina allí.

Se nos va la vida,
buscando el momento preciso,
la persona ideal, el amor perfecto
que todos inventamos en nuestras mentes.

Se nos va la vida,
como si careciéramos de visión,
a veces…
Desperdiciando el tiempo.

Se van

Los años en danza perpetua,
y pensar que solamente ayer
corría incesante tras las sombras
de memorias y de rostros.

Hoy; que las canas se asoman,
aquel corazón mozo
sin miedos,
al porvenir se enfrenta.

Calladas se han ido las horas
de aquel suspirar donde
mi aliento sentí detenerse
en un andén de tren.

Hoy; como en tantos otros instantes,
aguardo paciente,
dibujo en el destino caminos
sin ignorar mis limitaciones.

Acepto lo tangible.
Me observo al espejo
donde visibles las líneas afloran
sin poder engañarme.

Hoy; la vida se va sigilosa
como frágil hoja en el torrente,
como pez en el agua transparente
entre las juguetonas olas.

Hoy; mis pechos se inclinan
hacia ese calor del amor maduro,
donde visibles restan los ímpetus
y las ganas de vivir.

Hoy el tiempo de besar
lleva un sentido y criterio.
El compartir otro propósito,
de un mutuo entendimiento.

Será ya en vano

Tarde para recoger tus frases,
aquellos reproches,
esos agravios, tus palabras.

Amanecerás un día y sentirás,
no sólo la ausencia,
Te sentirás extraño y solitario.

Devoto invocarás plegarias.
Te enredarás tú mismo confundido.
Te harás preguntas.

Tanto silencio
romperá tus latitudes.
Te sentirás culpable,
habrán ojos que te juzguen.

Amarás diverso quizás,
los rostros serán nuevos.
Cuál ha sido el precio.

Hoy pasados los años.
¿Me pregunto?
Valió la pena.

Siempre

Propicia era la lluvia en primavera,
de verdes los montes se vestían,
y resurgía la vida como un milagro
albergando espectáculos
de cristalinos mantos.

Cada gota cristalina
esconde su propia belleza.
Te has fijado alguna vez
cuando cae la nieve
y la atrapas entre tus manos.

Sabes que todo lo que cae,
regresa en vapor al cielo.
Que el aire se encarga
de arrastrar cada partícula,
y no lo notas.

Nadie sabe dónde termina
ese afluente de vida en gotas,
nadie sabe cuánto nos unen
esas insignificantes gotas,
que nutren la diversidad de vidas.

Sin detenerse a pensar

La vida se irá en un soplo,
veremos pasar auroras,
vigilar el tiempo inclemente
en los inciertos caminos.

Tú ocuparás mi mente
como luz en los rincones.
Yo me amarraré a tu vida
como enredadera entre rejas.

Y asidos así mis brazos
aprisionando tus pechos,
como una hoguera en estero
nuestras pieles fundiremos.

Escucharás mi aliento
como si fuésemos uno,
y te perderás en mis ojos
como en un abismo infinito.

Descifrar quizás querrás
cómo ha pasado el tiempo,
y al percatarte de ello
renaceremos de nuevo.

A veces todo ese encanto
se pierde frente a tu vista.
Como los versos escritos
que nunca son declamados.

Como se ausentan las almas
de aquellos que ya partieron.
Como florecen los campos
su esplendor en primavera.

Te lo has preguntado

Acaso te lo has formulado,
las veces que pienso en ti callada.
La ausencia que vivo en las noches.
Cuánto te extraño.

Cómo cada recuerdo permanece
esculpido entre las rocas.
Cómo olvidarte dime;
Todo el desencanto vuelve.

No quiero seguir soñando,
vibras en mis espacios y
tu voz me llama confesando
donde el tiempo se detuvo.

A veces creo estar desvariando
sabiendo tu vida ajena.
Albergando fantasías,
mientras tu cuerpo imagino.

Tristezas

Sentí vestirme de luto
quitándome todo aliento,
Sentí una daga certera
abrirme una profunda herida.

Entre sollozo y sollozo,
vagando como alma en pena,
el camino me marcaste
con un dolor infinito.

Fue una aflicción,
de improviso a descubrir,
la ausencia que no se espera
de ti a quién tanto amaba.

A borbotones brotaban
mis lágrimas por las mejillas
y las cicatrices quedaban
como vestigio sagaz.

Solo pensaba en aquello,
que nunca comprendí a tu lado,
como se fueron los años
viviendo en tanta inconciencia.

Me acosaban los silencios
me sentía perseguida,
por tantas horas perdidas,
y yo silente a la espera.

Tu me enseñaste verdades,
que jamás me imaginé,
convivir noche tras noche
eludiendo realidades.

No me acostumbro,
a borrar la sensación.
Tú sigues besando otras bocas,
y tu cuerpo da abrigo a otras.

Tus barreras

¿Cómo luchar contra eso?
Lo profundo que vive en ti,
que se esconde detrás
de esa figura de hombre fuerte.

Asemejan las piedras coralinas
que combaten la furia del oleaje,
siempre erguidas,
no importa el temporal.

Tus barreras
ante mí se elevan,
tú así lo has dispuesto.
Yacen dormidas cual rocas.

Te niegas a vivir un despertar,
te volviste sordo al amor.
Ciego ante lo palpable
donde se respira vida.

Tus barreras
son el abismo.
Tú sentencia
a vivir en soledad.

Vibrante

Elocuente despertar,
aquellos tus ojos que miré
por vez primera en mis años mozos,
los mismos que contemplé yo tantas veces.

Ojos de otros tiempos
que plantaron sus raíces en mi mente,
que dieron su fruto
haciendo renacer una esperanza.

Ojos claros transparentes
como las aguas de mis mares tropicales.
Los que con eterno afán busco y están ausentes,
que guardo cual musa en mi memoria.

Ojos color cielo
que brillaron como estrellas
en mis noches solitarias,
que fueron savia nutriendo mis horas.

Ojos como el viento que acarician,
que me enseñaron otra lengua,
que conquistaron mi juventud
como jamás ninguno.

Ojos risueños
que perfumaron mi alma,
que me hicieron ensayar rimas
de cantos de amor y extrañas fuerzas.

Ojos de cándida mirada,
de mezcla de niño e inocencia.
De hombre cabal,
de aquel pasado.

Ojos que aún sigo viendo.
Que me hacen nombrarte,
que olvidar no puedo.

Visiones

La lluvia salpica
las emancipadas aguas
en cruzados movimientos.
Suenan los relámpagos
retumbando por doquier.

Los cielos tienen luz
de una tormenta.
Y las nubes grises cual borrasca
se cargan de aguas fugitivas.
De ráfagas sin dueños.

Tormenta tropical de violento paso,
que algunos añoran y otros detestan.
Que sembradíos desbasta inclemente,
cielos cambiantes que serpentean
en el horizonte vasto.

Energía que traspasa confines,
cúmulo de enigmas que se pierden.
Aguas embravecidas
arrastrando y batiendo navíos
causando asombro.

Minuto a minuto observo,
palmeras meciéndose,
gente guareciéndose del temporal.
Torrente de aguas
dejando el palpable rastro.

Earl, llegaste una tarde de agosto
y te fuiste sigiloso como aquel que duerme
la siesta y no sintió tu arribo.
Grabado quedaste como visión
de un sueño en mis pupilas.

Son como eterna llama.

Vivencias

Te miraba muy lejano
siempre corriendo libre,
saltando de boca en boca
inventando las mil excusas.
Viviendo en tu propio mundo.

Toda previa devoción
que se extinguía poco a poco.
Ya no era el amor,
era otra cosa lo nuestro,
ansiedad y rutina.

Quizás nunca te diste cuenta,
la procesión que llevaba,
guardando las composturas,
de mujer madre ejemplar
mientras entre amoríos vivías.

Te perdías muchas veces,
eras candil de la calle
y oscuridad de tu casa.
Eras en tus andanzas
un hombre desconocido.

Fue más allá de ti,
y jamás lo comprendí.
Cómo dejaste perder
gota a gota con los años,
toda esa esencia compacta.

Un día me armé de bríos,
pidiéndote explicaciones
y tú de golpe y zarpazo,
te quitaste la careta
viéndome fijo a los ojos.

Entonces libre de riendas,
me dijiste todo aquello...
Pero para qué decirlas hoy;
Si esas palabras fueron hiel
y el sabor en mis labios guardo.

Y llenarás mi vida

Colmarás mi existencia
de alegrías, de irremediables emociones.
Y tus palabras romperán la rutina.
Serás la aurora penetrando en mis ojos,
un amanecer cualquiera.

Persistirán las palabras inquietas,
los sueños que encierran
La espléndida etapa donde
se han quedado grabadas las locuras
de celebrar un 40 aniversario…

No he de sentir tu aliento
murmurar en mis oídos,
pero me harás recordar las horas
en donde juntos cual niños nos reíamos
inventando las historias.

Tú, seguirás en silencio,
y yo nunca ignoraré tus pasos,
porque ayer hicimos un pacto
que tus labios sellaron.

Y recuerdo

Ese corazón de madre,
que prodigaba razones
dividiéndose en infinitas partes,
perennemente complaciente.

¿Cómo olvidarlo?
Yo me sentía mil veces viajar
entre las interminables horas
llenándome de fantasías.

Recuerdo como era
aquella visión matinal
frente a mis ojos día a día,
un valle de oriente al poniente.

Recuerdos hay tantos,
mares y océanos.
Ímpetus que se multiplicaban,
emigrando a desconocidas tierras..

Recuerdo aquellos tus brazos
que dominaron mis noches,
en aquel primer intento a ser mujer
aun siendo inocente niña.

¿Cómo olvidarlo?

Cómo olvidar las travesuras,
donde como un barco a la deriva
los pensamientos sentía hundirse
en aquel limbo inconcebible.

Recuerdo también las tristezas,
el desamor, los engaños.
Donde notabas tu mundo
perderse en un laberinto.

¿Cómo olvidarlo?

Recuerdos hay tantos…tantos,
una niñez esplendida,
una adolescencia pasajera
repleta de grandes amores.
El profundo y largo andar nuestro.

Ya nada es lo mismo

Tu canto se lo llevó el viento
cercano al amanecer.
Sólo quedo el anhelo
en silenciosa armonía.

No permitas
que se borren los recuerdos.
No apartes de mi piel cansada
tu trémula caricia.

Necesito de tu hálito,
ese sonoro latido
que promete a su antojo
atando los pensamientos.

Déjame percibir en el aire
tú cálida esencia,
de aquella tú sombra
donde se pierda la noche.

Llévame en tenue soplo
Sentir el olor de tu cuerpo.
y en un raudal invisible
confundir contigo mi aliento.

Mañana serás la flama
que arde callada en los templos.
Yo; un alma implorando
en el cambiante mundo.

About the Author

Issamary Simmons Benavides, Infidelidad primer libro ganador en el Book Festival de Londres, merecedora del primer lugar en la categoría Poesías en el año 2012, ha sido también galardonada en los Ángeles, Ámsterdam, Chicago y New York.

Nació en Monterrey México, educada en Arundel Sussex Inglaterra, y Laussane Suiza. Ella se mantiene activa escribiendo en New York y San Miguel Allende Mexico donde vive con su esposo el conocido Novelista Norman Keifetz.

CPSIA information can be obtained
at www.ICGtesting.com
Printed in the USA
BVHW031804040419
544636BV00005B/19/P